Grandes Personnalités | numéro 28

JEANNE D'ARC,
LA PUCELLE D'ORLÉANS

— Sur les traces d'une héroïne française

par Benoît-J. Pédretti

50MINUTES

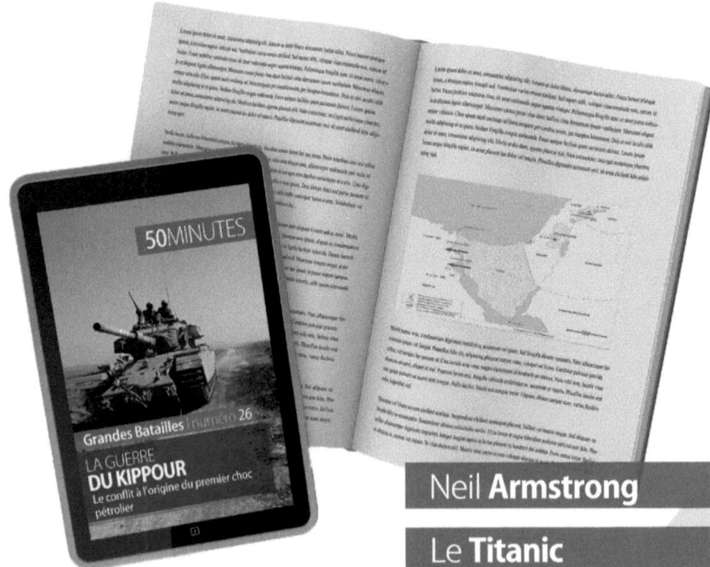

DEVENEZ INCOLLABLE
EN HISTOIRE !

Neil **Armstrong**

Le **Titanic**

George **Washington**

Christophe **Colomb**

Jacques **Cartier**

www.50minutes.com

JEANNE D'ARC — 5

BIOGRAPHIE — 7

Jeanne, paysanne et prophétesse (1412-février 1429)

Jeanne, chef de guerre inspirée (mars 1429-mai 1430)

Jeanne, victime expiatoire (1431)

CONTEXTE — 14

La France n'a plus de roi

Un imbroglio territorial

Pucelles et prophétesses

TEMPS FORTS — 19

Le siège d'Orléans

Le sacre de Charles VII

Le procès

RÉPERCUSSIONS — 29

Un nouvel équilibre dans la guerre de Cent Ans

De la condamnation à la canonisation

Un enjeu symbolique fort

EN RÉSUMÉ — 33

POUR ALLER PLUS LOIN — 36

JEANNE D'ARC

- **Naissance ?** En 1412 à Domrémy (royaume de France).
- **Mort ?** Le 30 mai 1431 à Rouen (royaume d'Angleterre).
- **Apports majeurs ?**
  - Au début du XVe siècle, une jeune paysanne originaire des confins est du royaume de France se fait connaître auprès du peuple : elle serait porteuse d'un message divin lui enjoignant de libérer la France. Le pays est, en effet, pour partie aux mains des Anglais et des Bourguignons. Charles, dauphin de France (1403-1461), légitime héritier et successeur du roi Charles VI (1380-1422) décédé, n'est toujours pas couronné.
  - Prophétesse ou imposteur, elle persuade le dauphin de lui confier une petite troupe pour combattre les Anglais, et remporte de brillantes victoires. Elle reprend Orléans début mai 1429. Portée par la ferveur populaire, elle multiplie les succès et finit par conduire Charles à Reims pour y être sacré roi de France le 17 juillet 1429.
  - Blessée peu après, elle est capturée et vendue aux Anglais. Son destin est scellé. À Rouen, en territoire anglais, Pierre Cauchon (1371-1442), évêque de Beauvais, instruit un procès retentissant au printemps 1431. Condamnée, Jeanne est brûlée vive comme hérétique sur le bûcher de la place du Vieux-Marché à Rouen. Réhabilitée en 1456, elle est béatifiée dès 1909, puis canonisée en 1920.
  - Son action hors du commun à la fois comme femme à la tête d'une armée, mais aussi comme chef de guerre luttant contre un occupant étranger, doublée d'une fin malheureuse et prématurée en font une héroïne mythique, symbole fort de la nation française aux XIXe et XXe siècles.

Dans la France déchirée du début du XVe siècle, une jeune paysanne du nom de Jeanne d'Arc est portée par la conviction d'une mission divine. Par la force de sa volonté, elle parvient à rencontrer, à Chinon, le dauphin Charles, héritier d'un royaume de France largement amputé, et le convainc de lui confier une armée. Devenue chef de guerre, elle prend la tête des troupes françaises et, le 8 mai 1429, force les Anglais à lever le siège d'Orléans, ce qui lui vaut d'être appelée la Pucelle d'Orléans.

L'armée française remporte ensuite victoire sur victoire à Patay, Troyes, Châlons, jusqu'à finalement atteindre Reims, en territoire bourguignon. Jeanne permet ainsi à Charles d'être sacré et couronné roi de France dans la cathédrale de Reims le 17 juillet 1429. Mais, après quelques menues victoires supplémentaires, la jeune fille perd de son utilité pour le nouveau roi, et, lorsqu'elle est capturée par le parti bourguignon le 23 mai 1430, il ne paie pas sa rançon. Les Bourguignons l'offrent aux Anglais contre 10 000 livres. Elle est alors confiée à Pierre Cauchon, l'évêque de Beauvais, qui instruit un procès à charge qui se tient du 21 février au 23 mai 1431. Condamnée pour hérésie, elle est brûlée vive sur le bûcher de la place du Vieux-Marché à Rouen le 30 mai.

Réhabilitée en 1456 par le pape Calixte III (1378-1458) qui la déclare innocente, elle est béatifiée par l'Église catholique en 1909, et finalement canonisée en 1920. Phénomène médiéval, héroïne féministe, inspiratrice d'un nationalisme exacerbé, Jeanne d'Arc ne cesse, aujourd'hui encore, d'alimenter discussions et polémiques.

BIOGRAPHIE

JEANNE, PAYSANNE ET PROPHÉTESSE (1412-FÉVRIER 1429)

Alors que la guerre de Cent Ans (1337-1453), qui oppose le royaume de France à celui d'Angleterre, fait rage, Jeanne naît à Domrémy, petit village du duché de Bar, à la frontière est du royaume, à proximité immédiate du duché de Lorraine, alors annexé au Saint Empire romain germanique.

Si sa date de naissance est inconnue, la plupart des sources s'accordent sur l'année 1412. Elle est la fille de Jacques Darc – devenu plus tard d'Arc –, laboureur, et d'Isabelle Romée, parents d'une fratrie de cinq enfants. Jeanne ressemble à toutes les fillettes de son âge : aimable, enjouée et illettrée, elle s'occupe volontiers des tâches ordinaires de la ferme de son père. Particulièrement pieuse, elle se rend chaque dimanche en pèlerinage à la chapelle de Bermont, dans le village voisin de Greux.

À 13 ans toutefois, sa ferveur religieuse s'exacerbe. Elle rompt même les fiançailles qu'on avait projetées pour elle, après avoir entendu des voix célestes. Les saintes Catherine et Marguerite ainsi que l'archange saint Michel lui auraient confié deux missions : celles de libérer le royaume de France de l'envahisseur anglais, et celle de conduire à Reims le dauphin Charles pour qu'il y soit sacré roi de France. À 16 ans, elle révèle ces expériences mystiques à son cousin Durand Laxart. Aussi troublé qu'effrayé, et sans l'accord de ses parents, il la conduit auprès du capitaine de Vaucouleurs, Robert de Baudricourt (1400-1454). Elle lui demande une recommandation qui lui permettrait d'obtenir une entrevue avec le dauphin. La requête est extravagante, et la jeune fille, sans doute considérée comme une illuminée, est immédiatement renvoyée chez elle.

Jeanne d'Arc, tableau de Pedro Américo, 1883.

Alors que les Anglais attaquent l'est du royaume en 1428 et ravagent Domrémy, sa famille fuit dans le duché de Lorraine, à Neufchâteau. Mais, au début de l'année 1429, elle revient à Vaucouleurs. Une ferveur populaire l'entoure désormais : n'a-t-elle pas approché le duc Charles II de Lorraine (1364-1431) afin de le guérir ? Le capitaine Baudricourt la prend désormais au sérieux. Mieux encore, il lui confie une petite troupe. Depuis lors, elle chevauche au travers du pays bourguignon, incognito, les cheveux courts et en habits d'homme en direction du Val de Loire pour rejoindre la cour du dauphin, alors à Chinon.

JEANNE, CHEF DE GUERRE INSPIRÉE (MARS 1429-MAI 1430)

La légende veut qu'arrivée à Chinon et introduite dans la grande salle du château, elle reconnaisse le dauphin, pourtant déguisé en l'un de ses courtisans. En réalité, lorsqu'elle arrive le 23 février 1429, elle s'entretient en privé avec Charles et n'est reçue devant la cour que quelques jours plus tard. On ignore la teneur de leur entrevue. Une certitude demeure toutefois : le dauphin en est sorti transfiguré et persuadé de la bonne foi de Jeanne d'Arc. Elle lui annonce qu'Orléans puis Paris seront libérés, qu'il sera sacré à Reims et que le duc d'Orléans, emprisonné depuis presque 15 ans en Angleterre, sera bientôt libre. Quel crédit accordé à cette jeune fille ? Le dauphin la fait interroger par des théologiens à Poitiers, et Yolande d'Aragon (1384-1442), la mère de son épouse, s'assure de faire constater la virginité de l'illuminée. Après enquête à Domrémy, le dauphin et ses conseillers estiment qu'il y a là une opportunité politique à saisir. Si le peuple est enthousiaste et croit en cette jeune fille, si les Anglais ont peur de cette « envoyée de Dieu » venue prêter main-forte à la France, alors quel risque y a-t-il, après tout, à l'envoyer combattre ? Le dauphin lui confie donc la tête d'un convoi de ravitaillement, qui, une fois rassemblé à Blois, s'achemine vers Orléans.

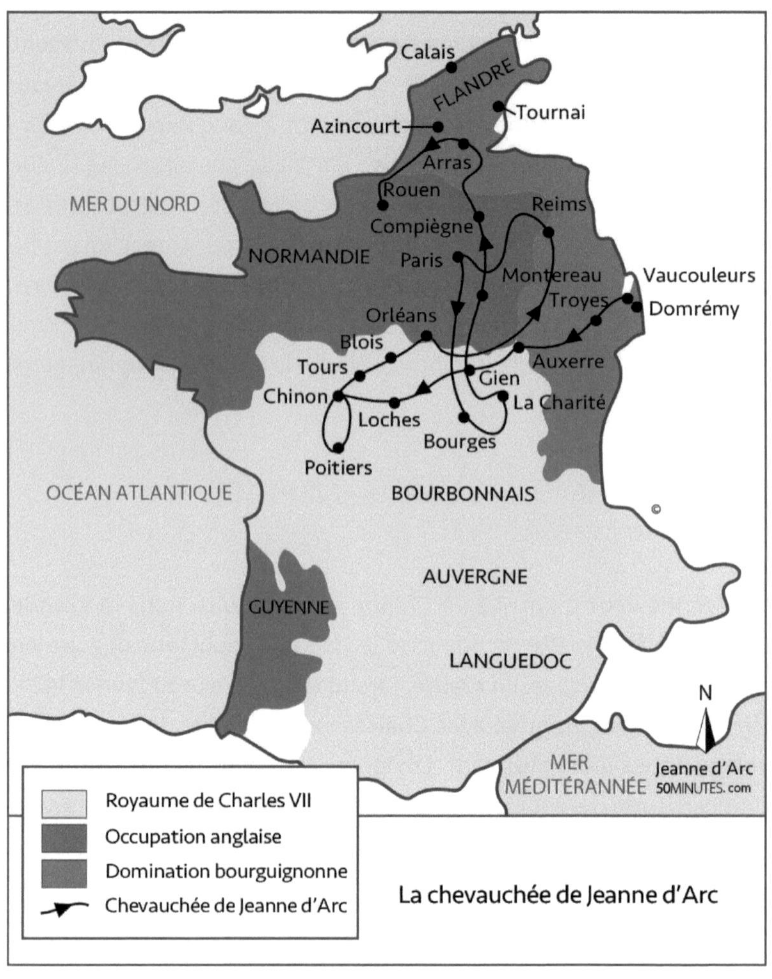

La chevauchée de Jeanne d'Arc

La Loire fait alors frontière entre deux territoires : au nord celui tenu par les Anglais et leurs alliés Bourguignons, au sud celui tenu par le dauphin. Les Anglais veulent à tout prix s'emparer d'Orléans, car la ville leur ouvrira les portes du sud. Par conséquent, dès juillet 1428, ils installent des fortins et encerclent la ville qui se barricade derrière ses murailles. Le siège pouvant être long, un approvisionnement en victuailles s'avère nécessaire. Dupant les garnisons anglaises, le convoi de Jeanne pénètre dans Orléans le 29 avril 1429.

Elle distribue à foison la nourriture dans une liesse populaire consi-
dérable. Rien n'est toutefois gagné, car les Anglais campent toujours
tout autour de la ville. Jeanne galvanise alors les troupes, et, grâce à
leurs actions, les forts anglais, dont celui des Tourelles situé au sud
de la Loire, sont pris les uns après les autres. Dans la nuit du 7 au
8 mai 1429, les Anglais, qui ont subi de lourdes pertes humaines,
sont contraints de lever le siège. Orléans est sauvée, et Jeanne reçoit
le surnom de Pucelle d'Orléans.

Elle repart ensuite en campagne dans la vallée de la Loire en se
rendant à Loches. Sa première mission étant un succès, il lui faut
désormais persuader le dauphin de rejoindre Reims pour y être sacré.
Mais les territoires champenois sont tenus par les Bourguignons,
qui n'entendent pas lui laisser le passage. Les troupes françaises
prennent alors Troyes, puis Châlons et atteignent finalement Reims.
Jeanne d'Arc à ses côtés, Charles est sacré et couronné roi de France
sous le nom de Charles VII le 17 juillet 1429 en la cathédrale de Reims.
Il est enfin reconnu comme souverain légitime.

Cette tâche accomplie, Jeanne souhaite reprendre Paris,
mais Charles VII s'y oppose. Un assaut avorté lui donne raison.
L'argent manque et l'entreprise est trop risquée. L'armée est
donc démantelée. La jeune femme n'en démord toutefois pas.
Elle mène sa propre petite troupe de mercenaires, qui remporte
quelques menues victoires dans la vallée de la Loire. Décidant de
porter secours à Compiègne, elle se dirige vers le nord. Lors du
siège de la ville, elle est capturée par un partisan des Bourguignons,
Jean de Luxembourg (1392-1441), le 23 mai 1430. Son destin vient
de basculer.

JEANNE, VICTIME EXPIATOIRE (1431)

Jean de Luxembourg, embarrassé de sa nouvelle prise, la vend aux Anglais contre 10 000 livres. Charles VII ne propose ni troupe ni rançon pour la sauver. Le roi d'Angleterre Henri VI (1421-1471) veut en finir et la remet à la justice ecclésiastique avec un seul objectif : qu'on l'en débarrasse. Puisqu'elle a été capturée dans son diocèse, Pierre Cauchon, évêque de Beauvais, instruira le procès.

Durant quatre mois, du 21 février au 23 mai 1431, les interrogatoires succèdent aux réquisitoires publics. On accuse principalement Jeanne d'hérésie, de sorcellerie et de porter des habits d'homme. La jeune fille répond pourtant avec hardiesse et bon sens durant son procès retranscrit dans son intégralité. La suite devra se tenir à huis clos, car les esprits s'échauffent et le peuple la soutient. Au cimetière de Saint-Ouen à Rouen, on simule un bûcher pour la terroriser. Épouvantée, elle signe immédiatement des aveux d'une croix sur un parchemin, mais se rétracte quelques jours plus tard. Déclarée relapse, c'est-à-dire retombée dans ses erreurs passées, elle est condamnée, sans aucun appel possible, à être brûlée vive. Elle périt à 19 ans dans d'atroces souffrances le 30 mai 1431 sur la place du Vieux-Marché à Rouen et ses cendres sont jetées dans la Seine.

Il faut attendre 1456 pour que son procès soit révisé et sa condamnation déclarée invalide. Mais la légende johannique est déjà en marche : elle devient l'égérie des défenseurs de l'intégrité du royaume, des ultras-catholiques, durant les guerres de religion au XVIᵉ siècle, et une héroïne romantique portée par l'historiographie du XIXᵉ siècle.

CONTEXTE

LA FRANCE N'A PLUS DE ROI

La fin du XIVe siècle et le XVe sont particulièrement troublés en France. Le roi Charles VI (1368-1422) a en effet perdu toutes ses facultés mentales et est devenu fou. En outre, le conseil de régence, présidé par la reine Isabeau de Bavière (1371-1435) est déchiré entre deux factions : les Armagnacs conduits par Louis d'Orléans (1372-1407), le frère du roi, et les Bourguignons conduits par Philippe le Hardi (1342-1404), duc de Bourgogne et l'oncle du roi. Après l'assassinat de Louis d'Orléans en 1407, les deux camps s'entredéchirent au cours d'une guerre civile sans merci pour le pouvoir. Le roi d'Angleterre Henri V (1387-1422) profite de la situation et débarque en Normandie en 1415. La bataille d'Azincourt, qui a lieu le 25 octobre, débouche sur une éclatante victoire anglaise, l'armée française ayant perdu 6 000 chevaliers. La situation est catastrophique pour la France.

Le dauphin Charles rencontre Jean sans Peur (1371-1419), fils de Philippe le Hardi et nouveau duc de Bourgogne, alors la plus riche et la plus puissante province du royaume. Les deux hommes doivent à tout prix s'allier contre les Anglais. Hélas, le duc de Bourgogne est assassiné, et son fils Philippe le Bon (1396-1467), dont les intérêts économiques sont davantage tournés vers l'Angleterre, s'allie à Henri V. Acculée, la reine Isabeau se voit contrainte de signer le traité de Troyes en 1420. Celui-ci prévoit le mariage de sa fille Catherine de Valois (1401-1437) avec le roi d'Angleterre et la transmission de la couronne de France à celui-ci ainsi qu'à leur descendance. Le dauphin Charles est donc privé de ses droits au trône.

En 1422, meurent successivement Henri V, le roi d'Angleterre, et Charles VI, le roi de France. Henri VI, jeune roi d'Angleterre, est immédiatement reconnu comme légitime roi de France par la Bourgogne, l'Église et l'université de Paris. La capitale lui ouvre grandes ses portes. Les oncles du jeune roi d'Angleterre et de France, encore mineur, sont proclamés régents. L'un d'eux, le duc de Bedford (1389-1435), s'installe à Paris et assure la régence pour le continent.

La France n'a donc plus de roi, mais elle a deux prétendants non sacrés : un roi anglais, non reconnu par la noblesse française, Bourgogne exceptée, et le dauphin Charles, fils du roi défunt, dont la légitimité est contestée à la suite d'une rumeur. Ce dernier, disposant de peu de soutien et n'ayant plus de subsides, se retranche à Bourges, ce qui lui vaut le surnom de roi de Bourges. Sa situation est désespérée, et ses chances de devenir un jour souverain de France s'avèrent minimes, et ce, jusqu'à l'arrivée de Jeanne.

UN IMBROGLIO TERRITORIAL

En 1429, le royaume de France est divisé en trois ensembles territoriaux distincts : les territoires gouvernés par les Anglais après l'épopée d'Azincourt, ceux gérés par leurs alliés bourguignons, et enfin ceux contrôlés par le dauphin Charles.

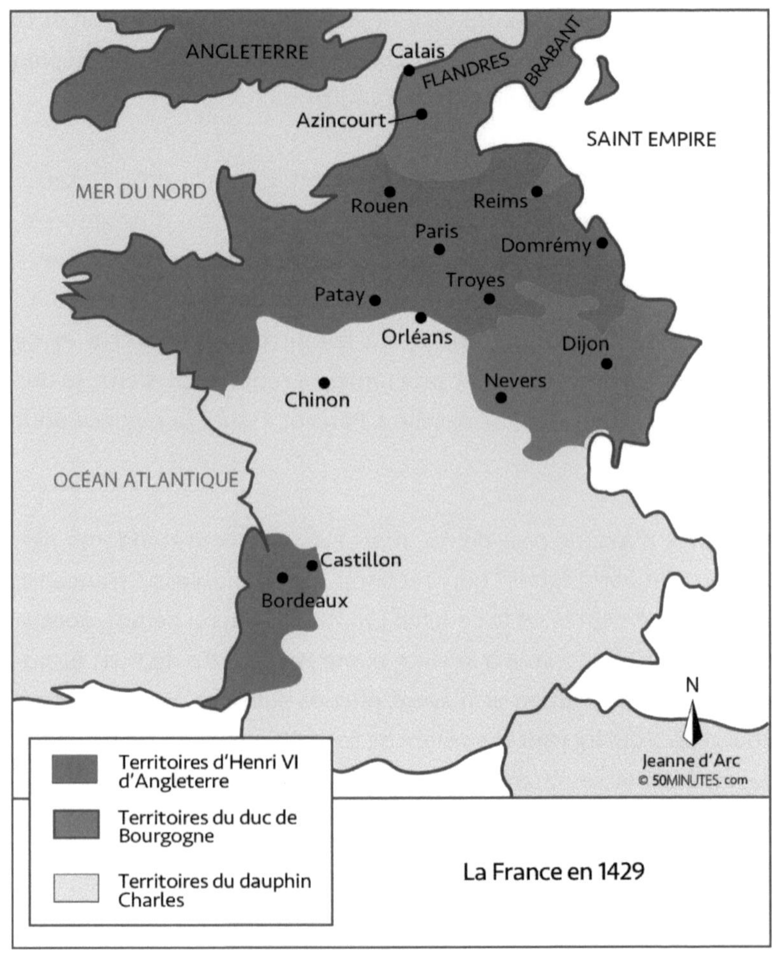

Les Anglais contrôlent un vaste territoire au nord de la Loire, qui comprend la Normandie, le bassin parisien et la Champagne, faisant frontière au nord avec l'Artois et au sud-est avec la Bourgogne, tenus par leurs alliés. À l'est, la Meuse fait frontière avec le Saint Empire romain germanique tandis qu'à l'ouest, la Bretagne demeure neutre depuis le traité de Guérande de 1381. Ces territoires sont complétés par le duché de Guyenne, au sud de la Charente, tenu en propre par le roi d'Angleterre depuis 1188.

Les Bourguignons contrôlent, quant à eux, un large territoire incluant le duché et la comté de Bourgogne, mais également les comtés de Boulogne, d'Artois, de Flandre, de Hainaut, de Brabant et de Hollande, ainsi que les duchés de Lothier, de Limbourg et de Luxembourg. Ils occupent en outre les duchés de Lorraine et de Bar.

Enfin, le dauphin Charles contrôle un vaste territoire au sud du royaume, qui va de la Loire aux Pyrénées, et de l'Aunis au Dauphiné.

PUCELLES ET PROPHÉTESSES

Tout au long du Moyen Âge ne cessent de proliférer prédicateurs et prophètes, hommes, femmes ou enfants. Ils rendent des prophéties et annoncent à loisir les bonnes nouvelles et les catastrophes. Ils sont systématiquement conduits auprès des autorités religieuses ou auprès d'une université, comme celle de Paris, dont la faculté de théologie fait autorité. En effet, seule l'Église est autorisée à reconnaître les prophéties et à les certifier véridiques.

Femmes ou jeunes filles doivent être pucelles, c'est-à-dire encore non mariées, mais surtout vierges. En effet, seule une vierge peut être porteuse d'un message céleste. C'est pour cette raison que, par deux fois, la virginité de Jeanne est dûment constatée, en mars 1429 à Poitiers et en janvier 1431 à Rouen.

D'autres prophétesses apparaissent à l'époque et sont donc contemporaines de Jeanne, comme Catherine de La Rochelle, que Jeanne confond pour mensonges, ou encore Piéronne de Bretagne, qui finira sur le bûcher comme hérétique à Paris en 1430. De surcroît, plusieurs femmes se sont fait passer pour Jeanne d'Arc après sa mort. L'une, Jeanne des Armoises, convainc même la ville d'Orléans de lui verser un subside et guerroie de 1436 à 1439. Une autre, appelée Jeanne de Sermaises, est incarcérée en 1458 puis libérée. On sait que les Anglais, mais aussi le nouveau roi de France, redoutaient terriblement l'apparition de Jeanne de substitution. Les premiers s'assurent donc que sa dépouille ne serve pas le culte d'une martyre, et le second veille à ne jamais reconnaître officiellement l'une de ces autres Jeanne.

LE SIÈGE D'ORLÉANS

Les villes d'Angers et d'Orléans, sur la Loire, constituent des enjeux stratégiques majeurs pour les Anglais. La prise de l'une des deux cités leur permettrait d'envahir progressivement les territoires plus au sud, tenus par le dauphin. Angers étant bien défendu, les Anglais tentent donc leur chance vers Orléans. En juillet 1428, ils ravagent les bourgs situés entre Paris et Orléans, puis tout autour de cette dernière. Les 23 et 24 octobre, ils prennent les deux fortins qui tiennent la rive sud, le Boulevard et les Tourelles. La ville est totalement encerclée. Les Orléanais sont pris au piège : les faubourgs sont détruits, et leurs habitants se réfugient à l'intérieur des murailles.

Le siège peut alors commencer. Les Anglais construisent neuf bastilles tout autour de la ville en avril 1429 et attendent. Leur objectif est de faire durer le siège plusieurs mois afin que les réserves d'eau et de vivres des Orléanais s'épuisent, ce qui les contraindraient à se rendre. Toutefois, le convoi de ravitaillement qu'accompagnent Jeanne ainsi que 500 soldats s'ébranle de Blois le 28 avril et s'achemine vers la ville. Si la jeune femme souhaite en découdre au plus vite, les chefs de guerre ne l'entendent pas ainsi, et le convoi approche la ville en évitant tout affrontement. Tandis que les troupes occupent la garnison anglaise du fort Saint-Loup, des bateaux envoyés par les Orléanais traversent le fleuve et embarquent les vivres, Jeanne, et quelque 200 soldats. Elle entre à Orléans au soir du 29 avril et distribue toute la journée du lendemain de la nourriture à la population.

Un deuxième convoi de renforts et de troupes s'achemine début mai en provenance de Montargis et de Gien. Jeanne sort d'Orléans et inspecte personnellement tous les forts anglais pour établir sa stratégie. Une fois son plan défini, elle les attaque et les prend l'un après l'autre. Dès le 6 mai, avec l'aide des milices de la ville, le fort des Augustins tombe, et la chef de guerre se blesse au pied. On lui interdit de prendre part à l'assaut du Boulevard et des Tourelles prévu le lendemain. Le 7 mai, elle est pourtant debout et rejoint ses troupes pour prendre les derniers forts. L'armée française, désireuse d'en finir, s'invite à une bataille rangée. Sur les 5 000 Anglais présents au début du siège, 4 000 périssent, contre seulement 2 000 du côté français. L'accès à la ville étant rétabli par le sud, William de la Pole (duc de Suffolk 1396-1450), qui commande les Anglais, préfère sauver ce qui reste de son armée et lève le siège.

Jeanne d'Arc au siège d'Orléans, tableau de Jules Eugène Lenepveu, 1886-1890.

Orléans est sauvé. La première mission de Jeanne est désormais accomplie. Les troupes françaises confirment ensuite leur avantage en reprenant mi-juin des villes comme Jargeau, Meung et Beaugency, avant la victoire de Patay le 18 juin, au cours de laquelle les troupes anglaises venues en renfort depuis Paris sont défaites.

LE SACRE DE CHARLES VII

Afin d'asseoir sa légitimité, le dauphin doit être sacré et couronné roi de France. Or, depuis 816, seul l'archevêque de Reims dispose du pouvoir de sacrer les rois dans sa cathédrale. Mais la route vers Reims nécessite de traverser la Champagne par le sud, alors que la province est tenue par les Bourguignons. L'armée française évite donc Auxerre qui appartient au duc de Bourgogne et arrive aux abords de Troyes où Jeanne lance l'assaut. Les habitants de Troyes se rendent, ainsi que ceux de Châlons, permettant ainsi à Jeanne et au dauphin d'atteindre à Reims le soir du 16 juillet.

Le 17 juillet 1429, Charles est sacré roi de France sous le nom de Charles VII, par l'archevêque de Reims, Renault de Chartres (1380-1444). Il est d'abord adoubé chevalier par le duc d'Alençon, le matin même, car il ne l'était pas encore. Puis, au début de la cérémonie, il enfile des chausses fleurdelisées et des éperons d'or. Il prête ensuite sur la Bible le serment de maintenir la paix, de défendre la justice, l'Église et le royaume contre tous ses ennemis. L'archevêque de Reims prononce alors l'intercession rituelle et oint le nouveau souverain avec le saint chrême contenu dans la sainte ampoule. A lieu ensuite l'adoubement royal : le grand chambellan Georges de La Trémoille (1384-1446) remet au monarque le manteau fleurdelisé, l'anneau, le sceptre et la main de justice. L'épée lui est remise par le connétable Charles II d'Albret (1407-1471). L'archevêque oint finalement Charles sur le haut de la tête, ce qui vient clore le sacre proprement dit. Il pose ensuite solennellement sur sa tête une couronne trouvée pour l'occasion dans le trésor de la cathédrale, faisant de lui le roi de France. Le nouveau monarque peut enfin siéger sur son trône tandis que les pairs viennent lui rendre hommage. L'acclamation « *Vivat in aeternum* » (« Qu'il vive pour l'éternité ») retentit dans la cathédrale ainsi que le jeu des trompettes. Durant toute la cérémonie, Jeanne d'Arc s'est tenue à ses côtés, portant son étendard.

Jeanne d'Arc à Reims lors du sacre de Charles VII, tableau de Jules Eugène Lenepveu, 1886.

L'effet psychologique du sacre est majeur : oubliées les accusations de bâtardise, effacé le traité de Troyes qui le déshéritait, Charles est désormais le seul roi légitime de France. À Paris, le régent, duc de

Bedford fait sacrer en catastrophe le jeune Henri VI en la cathédrale Notre-Dame de Paris. Mais, il n'a pas été oint par la sainte ampoule, ni couronné selon le rite. La propagande est désormais à l'œuvre : Charles VII guerroie pour recouvrer son royaume.

LE PROCÈS

Suite à sa capture, Jeanne est emprisonnée au château de Rouen où, malgré des conditions difficiles, elle n'est pas soumise à la question. Son procès qui s'ouvre le 21 février 1431 est instruit par un tribunal ecclésiastique dont les membres ont été sélectionnés avec soin par le parti anglo-bourguignon. Leur mission est de trouver des chefs d'accusation qui permettent une condamnation rapide. Pierre Cauchon, évêque de Beauvais, mène les interrogatoires. Mais Jeanne est de bonne foi, et ses réponses sont claires et cohérentes. Dix chefs d'accusation sont finalement invoqués. Elle est, entre autres, accusée d'être schismatique, apostate, blasphématrice et usurpatrice. De plus, elle est également jugée pour avoir porté des habits d'homme, faisant offense à sa condition naturelle. Enfin, elle est suspectée d'être inspirée par les voix du démon et de s'en remettre au seul jugement de Dieu, plutôt qu'à celui de l'Église.

Le 24 mai, un bûcher est dressé au cimetière Saint-Ouen à Rouen afin d'effrayer la jeune fille. Terrorisée, elle signe l'abjuration de ses erreurs et sa soumission à l'Église. Toutefois, quelques jours plus tard, elle se rétracte et, de gré ou peut-être de force, elle revêt à nouveau des habits d'homme. Le cas est connu des tribunaux ecclésiastiques : si une condamnée pour hérésie retourne à ses erreurs passées en se rétractant, elle est alors qualifiée de relapse, ce qui la prive de tout recours possible. La peine prévue est alors la mort sur le bûcher. Le 30 mai 1431, revêtue d'une robe de grosse toile, enduite de soufre, elle est conduite place du Vieux-Marché à Rouen, où un bûcher a été édifié. Elle meurt brûlée vive en quelques minutes.

Les Anglais veulent toutefois s'assurer que ses restes ne puissent
en aucun cas servir à un déferlement de passion pour des reliques
ou autres actes de sorcellerie. Jeanne ne doit pas servir de martyre

à la cause française. Ses restes sont donc à nouveau enduits de poix puis calcinés durant de nombreuses heures avant d'être jetés dans la Seine.

C'est la fin de l'épopée de Jeanne d'Arc et le début du mythe.

LES PROCÈS POUR SORCELLERIE

Tout au long du Moyen Âge, les sorciers, mais surtout les sorcières, sont pourchassés à travers l'Europe. En 1326, une bulle pontificale de Jean XXII (vers 1244-1334) appelle à poursuivre ceux et celles qui se sont détournés de la foi chrétienne au profit de cultes démoniaques ou supposés tels. Leurs procès se multiplient à partir des années 1420. Pendant deux siècles, l'Inquisition les pourchasse. Esprits égarés ou simplement dénoncés par leurs voisins, ils sont torturés afin de leur arracher des aveux, avant d'être conduits sur des bûchers. Deux vagues de chasses aux sorcières s'ensuivent, de 1480 à 1520, puis de 1560 à 1650. On estime à plus de 50 000 les victimes qui furent ainsi sacrifiées par des tribunaux principalement ecclésiastiques.

RÉPERCUSSIONS

UN NOUVEL ÉQUILIBRE DANS LA GUERRE DE CENT ANS

Avant l'arrivée de Jeanne d'Arc, le conflit s'avérait nettement favorable aux Anglais. En effet, même si leur pays est plus petit et moins peuplé, les conquêtes du nord de la Loire, appuyées par la base solide que constitue le sud-ouest, leur offrent une supériorité évidente en hommes et en ressources, qu'ils peuvent mobiliser rapidement. De plus, ils possèdent une parfaite connaissance du terrain que constitue l'ouest du pays, qu'ils possédaient un siècle plus tôt. Enfin, ils disposent de trois avantages psychologiques non négligeables : une armée réputée invincible depuis 1415 avec des archers redoutables, le traité de Troyes qui déshérite le dauphin Charles, et leur alliance avec les Bourguignons.

Jeanne d'Arc influe sans conteste sur le cours de la guerre, et ce de plusieurs manières. Elle dispose d'abord d'un bon sens stratégique et militaire reconnu par les hommes de guerre du moment et ses compagnons. À Orléans, elle comprend où positionner avantageusement les pièces d'artillerie pour causer les dégâts les plus importants aux fortins anglais. De plus, elle dispose des qualités d'un leader, qui en font une personnalité motrice capable de mobiliser et de galvaniser ses troupes. Enfin, en battant les Anglais, elle permet de démontrer leur faillibilité, et elle impose Charles comme seul roi légitime en le faisant sacrer.

Elle permet donc que s'inverse la tendance au profit des Français et de leur nouveau roi. Seul manque un allié de poids, la Bourgogne. Après le décès de Jeanne, Charles VII et son successeur n'auront de cesse de rechercher l'alliance bourguignonne par la diplomatie ou par la force, afin de pouvoir en finir conjointement avec ce vassal encombrant et les Anglais. La guerre de Cent Ans s'achève donc sans Jeanne, en 1453, par la bataille de Castillon et la reconquête de tous les territoires continentaux encore détenus par les Anglais, à l'exception de Calais, recouvré seulement en 1558.

DE LA CONDAMNATION À LA CANONISATION

Après la condamnation et l'exécution de Jeanne, sa mère demande la révision de son procès. En 1450, Charles VII publie une ordonnance dans laquelle il demande que la lumière soit faite sur cette condamnation inique. Là encore, le propos est politique et destiné à apaiser l'opinion publique d'une Normandie qu'il vient de reconquérir. L'Église catholique et la papauté, à qui Jeanne avait fait en vain appel durant son procès, demandent sa réouverture en 1455. Le pape Calixte III (1378-1458) s'appuie sur le mémoire de l'évêque de Lisieux, Thomas Basin (1412-1491), qui décrit longuement les insuffisances de la procédure. Des témoins d'alors sont à nouveau entendus et, le 7 juillet 1456, à Rouen, le premier procès est déclaré invalide et infondé. Jeanne est réhabilitée. On décide d'ériger une croix à l'emplacement du bûcher pour faire honneur à la Pucelle.

Il faudra toutefois attendre la fin du XIXe siècle pour que l'Église entame une procédure d'élévation de Jeanne. La cause est introduite en 1869 par le procureur général de Saint-Sulpice et appuyée par l'évêque d'Orléans Mgr Dupanloup (1802-1878), qui instruit le dossier dans son diocèse. Jeanne est d'abord déclarée vénérable le 27 janvier 1894, et une cérémonie nationale est organisée en grande pompe à Notre-Dame de Paris pour bénir un fac-similé de sa bannière. L'enquête en vue de la béatification commence trois ans plus tard, pour s'achever en 1909. Trois guérisons miraculeuses sont dûment attestées dans les diocèses d'Arras, d'Évreux et d'Orléans. Le 18 avril 1909, le pape Pie X (1835-1914) déclare Jeanne d'Arc bienheureuse. Puis, dès 1910, est ouverte une procédure en canonisation. Après de nouveaux miracles et une instruction rondement menée, le pape Benoît XV (1854-1922) la déclare sainte de l'Église catholique le 16 mai 1920, au cours d'une messe solennelle à Saint-Pierre de Rome. Sa fête est instaurée le 30 mai, jour de son supplice. Enfin, le 2 mars 1922, elle est proclamée sainte patronne secondaire de la France.

UN ENJEU SYMBOLIQUE FORT

Après la défaite de Sedan en 1870 et l'annexion de l'Alsace et d'une partie de la Lorraine à l'Empire allemand, Jeanne devient, pour la France, un symbole fort des territoires occupés (l'ancien duché de Bar est alors rattaché à la Lorraine). L'année même de sa canonisation, le 14 juillet 1920, une loi de la République française institue une fête nationale de Jeanne d'Arc, fête du patriotisme : Jeanne sera célébrée tous les deuxièmes dimanches de mai. Si les deux fêtes sont aujourd'hui tombées en désuétude, des fêtes johanniques sont en revanche encore organisées chaque année par la ville d'Orléans du 29 avril au 8 mai pour célébrer la libération de la ville par la Pucelle. Il est de tradition que le président ou un membre du Gouvernement y représente officiellement la République française. Depuis 1998, sont également organisées des contre-fêtes johanniques, initiées par un mouvement social, visant à s'opposer au caractère religieux et politique des fêtes d'Orléans.

Des fêtes sont également organisées à Reims chaque année au début de mois de juin, célébrant l'arrivée triomphale de Jeanne à Reims et du sacre de Charles VII à la cathédrale.

Enfin, Rouen n'est pas en reste avec deux lieux de mémoire importants. D'abord, l'église Sainte-Jeanne d'Arc édifiée sur la place du Vieux-Marché en 1979, qui abrite 13 verrières du XVIe siècle. Un musée de cire Jeanne d'Arc a, quant à lui, ouvert ses portes rue de Crosne en 1953, avant de fermer en 2012. En mars 2015 a été ouvert l'Historial Jeanne d'Arc à Rouen, musée entièrement dédié à son histoire. Il est installé dans les locaux de l'ancien archevêché où a été prononcée sa condamnation en 1431 et où eut lieu son procès de réhabilitation en 1456.

EN RÉSUMÉ

1412	Naissance de Jeanne d'Arc
Vers 1425	Jeanne d'Arc déclare entendre des voix de saints
23 fév. 1429	Jeanne d'Arc rencontre le dauphin Charles à Chinon
8 mai 1429	Jeanne d'Arc libère Orléans où le siège anglais est levé
18 juin 1429	Jeanne d'Arc remporte une nouvelle victoire à Patay
17 juill. 1429	Charles VII est sacré roi de France, sur insistance de Jeanne
23 mai 1430	Jeanne d'Arc est capturée à Compiègne et vendue aux Anglais
21 fév. 1430-23 mai 1431	Un procès pour sorcellerie est ouvert
30 mai 1431	Jeanne d'Arc est condamnée sur le bûcher à Rouen
1456	Jeanne d'Arc est réhabilitée suite à une révision du procès
1909	Jeanne d'Arc est béatifiée
1920	Jeanne d'Arc est canonisée

- À l'heure où la moitié du territoire français est occupée par les Anglais et leurs alliés bourguignons, le dauphin Charles, héritier du défunt roi Charles VI, peine à faire reconnaître ses droits au trône de France. Toutefois, un message d'espoir se fait jour : Jeanne, jeune fille de l'est du royaume, a entendu des voix célestes lui annonçant que bientôt les Anglais seront boutés hors de France et que le dauphin sera sacré roi à Reims.

- Charles a envie d'y croire et arme Jeanne d'Arc. Elle accompagne le convoi des victuailles qui vient secourir Orléans, dont les Anglais font le siège. Elle libère la ville le 8 mai 1429, ce qui lui vaudra le surnom de Pucelle d'Orléans. Cette victoire est suivie de quelques autres qui permettent aux Français de recouvrer une partie de la vallée de la Loire.

- Forte de ces succès, elle traverse les territoires champenois tenus par les Bourguignons et gagne Reims avec le dauphin. Le 17 juillet 1429, Charles est sacré roi de France en la cathédrale de Reims, rendant caduques les prétentions du jeune roi d'Angleterre Henri VI sur sa couronne. Il est désormais le seul roi de France, légitime devant Dieu et son peuple.

- Mais très vite, l'intérêt du nouveau roi l'emporte sur la reconnaissance : l'armée de Jeanne est démantelée et, lorsqu'elle est capturée à Compiègne, il ne propose pas de rançon, et n'envoie pas de troupes la chercher. Elle est vendue par le seigneur de Luxembourg aux Anglais.

- Jeanne est alors confiée à un tribunal ecclésiastique présidé par l'évêque de Beauvais, Pierre Cauchon, en territoire normand, tenu par les Anglais. Un long procès en hérésie est instruit, qui s'achève par une condamnation : elle est brûlée vive sur le bûcher de la place du Vieux-Marché à Rouen le 30 mai 1431. Elle est réhabilitée en 1456 par l'Église catholique, avant d'être béatifiée en 1909, puis canonisée en 1920.

- Porteuse d'une forte charge symbolique dès le XIXe siècle et tout au long du XXe siècle, son image n'a cessé d'être associée depuis lors à la nation et à l'identité française. Héroïsée par l'historiographie contemporaine, elle est sans doute l'un des personnages les plus connus de l'histoire du Moyen Âge en Europe.

Votre avis nous intéresse !

*Laissez un commentaire sur le site de votre librairie en ligne
et partagez vos coups de cœur sur les réseaux sociaux !*

POUR ALLER PLUS LOIN

SOURCES BIBLIOGRAPHIQUES

- BEAUNE (Colette), *Jeanne d'Arc. Vérités et légendes*, Paris, Perrin, 2008.
- BOUDET (Jean-Pierre) et HÉLARY (Xavier), *Jeanne d'Arc : histoire et mythes*, Rennes, PUR, coll. « Histoire », 2014.
- BOUZY (Olivier), *Jeanne d'Arc : mythes et réalités*, La Ferté-Saint-Aubin, l'Atelier de l'Archer, 1999.
- CONTAMINE (Philippe), *De Jeanne d'Arc aux guerres d'Italie : figures, images et problèmes du XVe siècle*, Orléans, Paradigme, coll. « Varia », 1994.
- DUBY (Georges et Andrée), *Les procès de Jeanne d'Arc*, Paris, Gallimard, coll. « Archives », 1974.
- DUPARC (Pierre), *Procès en nullité de la condamnation de Jeanne d'Arc*, Paris, Klincksieck, 1989.
- PERNOUD (Régine), *La libération d'Orléans : 8 mai 1429*, Paris, Gallimard, 1969.
- QUICHERAT (Jules), *Procès de condamnation et de réhabilitation de Jeanne d'Arc, dite la Pucelle*, Paris, Jules Renouard et Cie, 1849.

SOURCES ICONOGRAPHIQUES

- *Jeanne d'Arc*, tableau de Pedro Américo, 1883. La photo reproduite est réputée libre de droits.
- *Jeanne d'Arc au siège d'Orléans*, tableau de Jules Eugène Lenepveu, 1886-1890. La photo reproduite est réputée libre de droits.
- *Jeanne d'Arc à Reims lors du sacre de Charles VII*, tableau de Jules Eugène Lenepveu, 1886. La photo reproduite est réputée libre de droits.

- *Jeanne d'Arc sur le bûcher*, tableau de Hermann Stilke, 1843. La photo reproduite est réputée libre de droits.

FILM ET DOCUMENTAIRES

- *Jeanne d'Arc*, film de Georges Méliès, avec Bleuette Bernon et Georges Méliès, France, 1900.
- *Joan of Arc*, film de Victor Fleming, avec Ingrid Bergman et Gene Lockhart, États-Unis, 1948.
- *Jeanne la pucelle*, film de Jacques Rivette, avec Sandrine Bonnaire et André Marcon, France, 1994.
- *Jeanne d'Arc*, film de Luc Besson, avec Mila Jovovich, Dustin Hoffman et Faye Dunaway, États-Unis, 1999.
- *Jeanne captive*, film de Philippe Ramos, avec Clémence Poésy, Thierry Frémont et Jean-François Stévenin, France, 2011.

50MINUTES
Art & Littérature
Business & Econom
Histoire & Société
Gestion & Marketing | numéro 9
LA PYRAMIDE DES BESOINS
DE MASLOW
Pourquoi faut-il comprendre
les besoins du client ?
Grandes Batailles | numéro 26
LA GUERRE
DU KIPPOUR
LE CARAVAGE
ET LES JEUX DE LUMIÈRE
SOYEZ LÀ
OÙ ON NE VOUS ATTEND PAS !
www.50minutes.com

www.50minutes.com

Éditeur responsable : Lemaitre Publishing
Avenue de la Couronne 382 | BE-1050 Bruxelles
info@lemaitre-editions.com

ISBN ebook : 978-2-8062-7139-6
ISBN papier : 978-2-8062-7138-9
Dépôt légal : D/2015/12603/497
Photo de couverture : © Jeanne d'Arc au siège de Paris, gravure de Roze.

Conception numérique : Primento,
le partenaire numérique des éditeurs